Die Warenhaus-Umsatzsteuer

Eine Besprechung der Regierungsvorlage

und der

Denkschrift des Bundes der Handel- und Gewerbetreibenden zu Berlin

von

Dr. Max Erhardt.

Berlin.
J. Guttentag, Verlagsbuchhandlung,
G. m. b. H.
1900.

In dem Augenblicke, in dem die preußische Regierung, durch die immer heftiger werdende Agitation gedrängt, dem Abgeordnetenhause eine Vorlage betreffend die Besteuerung der Warenhäuser zugehen läßt, halte ich es für angemessen, auf die dasselbe Thema behandelnde Broschüre des Bundes der Handel- und Gewerbetreibenden in Berlin näher einzugehen, da man annehmen darf, daß dieselbe in maßgebenden Kreisen vielfach gelesen, zum Teil wohl sogar als Material zum Studium der Frage benutzt worden ist oder noch wird.

Infolge der ausgesprochen aggressiven Tendenz dieser Broschüre sind in derselben mancherlei Angaben enthalten, die zu Irrtümern und Entstellungen Anlaß geben können, das Los des Kleinhandels zu schwarz darstellen und die Warenhäuser fast urteilslos verdammen.

Obgleich die Vorlage der Regierung von einer Branchensteuer im eigentlichen Sinne und vor allem von einer unbegrenzt progressiven Umsatzsteuer — der sogenannten Erdrosselungssteuer — absieht, so will ich doch auch auf Vorschläge dieser Art, wie sie in der Broschüre der Handel- und Gewerbetreibenden gemacht werden, näher eingehen, da es ja nicht ausgeschlossen ist, daß entweder schon in der Kommissionsberatung oder in späteren Anträgen von neuem diese extremen Wünsche zum Ausdruck gelangen. Die bei derartiger Gelegenheit gewohnheitsmäßig vorgebrachten Beschuldigungen auf die Thatsachen zurückzuführen, anderseits die überschwenglichen auf die Umsatzsteuer gesetzten Hoffnungen etwas zu dämpfen, das soll der Zweck dieser Abhandlung sein.

Wenn auch kein billig denkender Mensch gegen eine etwas stärkere Heranziehung der Warenhäuser zur Steuer etwas einwenden wird, so darf man doch nicht diese Frage direkt mit dem Schutz der Detaillisten in Verbindung bringen, denn eine Steuer, die den Warenhäusern die Möglichkeit zu existieren läßt, hilft den Detaillisten nichts, und eine Steuer, die ihnen diese Möglichkeit nimmt, kann eine Regierung nie befürworten.

Man muß also wohl mit der Existenz der Warenhäuser rechnen und nicht seine ganze Hoffnung auf eine gesetzliche Maßregel richten, deren eventueller Mißerfolg eine um so größere Enttäuschung und Mutlosigkeit erzeugen würde. Die Freunde des Mittelstandes sollten vielmehr versuchen, ihm diese Enttäuschung, die sicher kommen wird, zu ersparen, und ihm nicht einreden, daß, wenn erst die Umsatzsteuer existiere, für ihn die goldene Zeit beginnt. Wer heute in seinem Geschäfte tüchtig ist und arbeiten will, wird es trotz der Warenhäuser weiter bringen, wer jedoch den Ansprüchen, die der moderne Konkurrenzkampf stellt, nicht gewachsen ist oder nicht gerecht werden will, der wird auch nach gänzlicher Beseitigung der Warenhäuser nicht reussieren. Vielleicht setzen es dann seine Freunde im Parlament durch, daß der Staat jedem Ladenbesitzer einen bestimmten Jahresumsatz garantiert, sonst wäre doch stets die Gefahr vorhanden, daß übermäßig strebsame Konkurrenten ihn überflügeln und ihm sein Recht, in althergebrachter Weise seinen bescheidenen Lebensunterhalt zu verdienen, beeinträchtigen.

In meiner Besprechung werde ich zum Teil mich auf die vortreffliche Broschüre „Warenhaus und Kleinhandel" von Professor Dr. F. C. Huber stützen, wenn ich auch der Meinung bin, daß dieselbe vielleicht zu günstig im Sinne der Warenhäuser gehalten ist und prinzipiell von einer Besteuerung sich keinen Nutzen verspricht. Ich werde weiter unten einen Modus der Besteuerung vorschlagen, der dem Kleinhandel allerdings nicht direkt helfen kann, aber immerhin geeignet ist, etwa vorhandene Ungerechtigkeiten in der Verteilung der Lasten zu mildern.

I.

Über die Grundsätze einiger Großbazare.

Wenn man durch eine Broschüre, wie diejenige des Bundes der Handel- und Gewerbetreibenden, lehrhaft wirken will, so muß genau darauf geachtet werden, daß man nicht nur bei der Behauptung, sondern auch beim Beweis die Unfehlbarkeit wahrt, da sonst etwa zum Nachdenken geneigte Gemüter hier und da anfangen könnten, an der Richtigkeit des ganzen Systems zu zweifeln.

„Es ist eine bekannte Thatsache, daß die Großbazare den größten Teil des Umsatzes an sich reißen, der früher den Kleinhändlern zufiel." Ich glaube nicht, daß man mit gutem Gewissen diesen Satz unterschreiben kann, obgleich sicher ein Teil Wahrheit darin steckt. Man hat nur vergessen, daß vielleicht die Hälfte des von den neuen Bazaren erzielten Umsatzes effektiv neu geschaffen ist, daß also viel gekauft wird, was früher, resp. in den kleinen Läden, überhaupt nicht gekauft wurde.

Als Beispiel für effektiven Neukonsum möchte ich folgendes erwähnen: Früher waren Konserven aller Art ein Artikel, den nur die besser situierten Klassen kauften, während heute durch die Bazare ungeheure Mengen zu billigen Preisen unter das Volk gelangen, sodaß die bestehenden Fabriken nicht den erforderlichen Bedarf zu decken vermögen. Dieselben klagen, daß die benötigte Menge Gemüse und Früchte nicht zu beschaffen sei, und sprechen die Hoffnung aus, daß die Landwirtschaft in intensiverer Weise als bisher sich dem Gemüse- und Obstbau zuwenden möge, da der Absatz in diesen Produkten noch sehr steigerungsfähig sei, vor der Hand sogar direkt ein Mangel herrsche. Dieser Absatz geht den kleinen Geschäften also nicht verloren, denn er existierte früher nicht.

Die Warenhäuser übernahmen auch einen Teil des Umsatzes, den früher ausländische Sortimentsgeschäfte in Deutschland machten. Der Umsatz dieser Häuser in derartigen Artikeln ist durch die großen deutschen Geschäfte zum Teil völlig beseitigt worden.

Ebenso steht es mit der soviel angefeindeten Photographie. Der größte Teil der in den Bazaren hergestellten Aufnahmen würde überhaupt nicht gemacht werden, wenn nicht die bequeme Gelegenheit und der billige Preis dazu verlocken würden. Einem guten Photographen erwächst daraus kaum Schaden, ebensowenig wie dem Hofjuwelier, wenn der Bazar billige Schmucksachen verkauft.

In Paris und London haben die großen Warenhäuser allerdings in manchen Artikeln fast ein Monopol, aber trotzdem giebt es viele tausend kleine Geschäfte, die gut zu thun haben, ja, selbst den großen gefährlich werden. So hat sich in letzter Zeit das „magasin des galeries Lafayette“, direkt neben dem „Printemps“ von einem kleinen Eckladen zu einem einen ganzen Block umfassenden Warenhaus entwickelt.

Das in der Broschüre angeführte Waarenhaus „Wholesale“ in London existiert überhaupt nicht; es liegt hier wohl ein Irrtum vor, da „Wholesale“ Engrosgeschäft bedeutet. Gemeint ist wohl die bekannte „Wholesale Corporation“, eine Genossenschaft, die mehrere Tausend über ganz England verbreitete selbständige Detaillisten als Mitglieder hat. „Whiteley“ steht in London mit etwa 120 Millionen Umsatz an der Spitze. Immerhin sind derartige Umsätze so ungeheuer, daß man die Abneigung des Kleinhandels und die Hoffnung, bei uns heute noch eine derartige Ausdehnung verhindern zu können, begreift.

In Berlin giebt es übrigens kein Warenhaus mit 50 Millionen Mark Umsatz. Wertheim steht heute mit 25—30 Millionen Mark an der Spitze, dann folgt Hertzog, die übrigen kommen kaum in Betracht.

Immerhin ist der Vergleich, speziell mit den französischen Warenhäusern, unglücklich gewählt, denn Warenhäuser im Sinne der Wertheimschen 2c., giebt es dort nicht. Louvre und Bon Marché, Printemps 2c. führen weder Kolonial- und Eßwaren, noch Photographieen, und stehen somit Geschäften wie Hertzog und Gerson näher als den Bazaren.

Was das Geschäftsgebahren der Bazare betrifft, so wird man die zitierten Manipulationen und Geschäftskniffe nur strengstens verurteilen können, soweit es sich um Imitationen bekannter Artikel, willkürliche Veränderung der Maße und dergleichen handelt, obgleich gerade die kleinen Geschäfte sich darin ebenso viel versündigen.

Daß allerdings derartige Vorfälle wirklich beobachtet worden sind, darüber fehlen die Beweise. Die angeführten Beispeile sind dazu nicht geeignet, vielmehr bringt die erwähnte Schrift mehr allgemeine diesbezügliche Behauptungen. In kleinen Geschäften sind derartige Vorkommnisse leider sehr verbreitet, wenn auch davon weniger in die Öffentlichkeit dringt, aber von den Großbetrieben läßt schon die Wahrscheinlichkeit vermuten, daß sie bei ihrer exponierten und allseitig bewachten Stellung sich sehr vorsehen werden, auf Unreellitäten betroffen zu werden. Mit Recht sagt Huber: „Wir glauben kaum, daß sich heutzutage ein Warenhaus mit seiuem großen Personal, wenn es nicht seine Existenz gefährden will, längere Zeit hindurch Unreellitäten beigehen lassen kann. ..... Heute ist der tiefere Grund der Klagen nicht mehr in der Unsolidität des Wettbewerbes, sondern in erster Linie in seiner großkapitalistischen Überlegenheit zu suchen.“ —

Was jedoch die sogenannten Lockartikel betrifft, so muß man hier doch die Anklagen genauer prüfen, bevor man verurteilt. Das System wurde in Deutschland gerade von den Kolonialwarengeschäften beim Verkauf von Petroleum, Zucker 2c. zuerst angewandt und hat seitdem Eingang in fast alle Detailgeschäfte gefunden. Daß man sich weigert, derartige Artikel, die vielleicht mit Schaden verkauft werden, en gros an Konkurrenten zu liefern, scheint nur natürlich. Dagegen jedoch, daß weltbekannte Marken zu diesem Zwecke mißbraucht werden, müssen sich die Fabrikanten selbst zu schützen suchen, wenn es auch schwer sein dürfte, gegen die Findigkeit eines Großbazars eine allenthalben gebrauchte Ware zu verteidigen.

Alle die zur Illustrierung dieses Gebahrens herangezogenen

Beispiele, wenn solche thatsächlich auf Wahrheit beruhen, sind an sich bedauerlich, da ja der kleine Detaillist kein Interesse mehr daran finden könnte, derartige Artikel überhaupt weiter zu führen, aber man wird mir zugeben, daß es ein irgendwie sicheres Mittel nicht giebt, um zu verhindern, daß Waren unter Preis oder zum Einkauf verkauft werden, und auch der Bund der Handel- und Gewerbetreibenden macht hierfür keinen Vorschlag. Je mehr man die Warenhäuser drückt, um so mehr werden findige Köpfe nach neuen Zugmitteln suchen.

Man könnte vorschlagen, gesetzlich festzulegen, daß Waren, die in Originalverpackung vom Fabrikanten mit aufgedrucktem Verkaufspreis geliefert werden, nicht darunter abgegeben werden dürfen, aber dann wird der Bazar durch Rabatt und dergleichen Mittel leicht im Stande sein, diese Vorschrift zu umgehen.

Wenn man die Beseitigung auch dieser Übelstände von der Umsatzsteuer erwartet, so setzt man eben alles auf eine Karte, statt zu versuchen, mit praktischen Vorschlägen herauszukommen, wie man den einzelnen, zweifellos vorhandenen Auswüchsen begegnen kann.

II.

Die Großbazare und die Gewerbefreiheit.

Die unter dieser Rubrik angeführten Umsatz- und Gewinnzahlen mögen der Wirklichkeit entsprechen, doch ist der Schluß auf den Kaiserbazar und das Beamten-Warenhaus entschieden falsch. Zur Leitung eines Detailgeschäftes gehört nicht nur Kapital und guter Wille, sondern vor allem ein Detaillist: das beweist der Kaiserbazar. Das Warenhaus für Deutsche Beamte hat kein unbeschränktes Publikum und findet schon dadurch seine Grenzen. Aus dem raschen Aufschwung der Großbazare sollte man vielmehr zu lernen versuchen, statt sie zu verdächtigen; beweist derselbe doch, daß die Besitzer es offenbar verstanden haben, den Wünschen des Publikums zu entsprechen und demselben die richtigen Waren in richtiger Form zu bieten.

Im Detailhandel entscheidet das Publikum, und daß dieses mit den Warenhäusern zufrieden ist, wird doch niemand bestreiten, denn ein Zwang, dort zu kaufen, wird ja nicht ausgeübt.

Wenn man aber schon die Monopolisierung des Kleinhandels in wenigen Händen bedenklich findet — und ich stehe nicht an, zuzugeben, daß eine Gefahr darin liegt —, so darf man nicht Geschäfte wie Hertzog und Gerson davon ausnehmen. Daß diese eine lange Zeit ruhiger Entwickelung hinter sich haben, ändert nichts an der Höhe ihres Umsatzes, der doch bei Nichtexistieren dieser Häuser — nach der Theorie des Verfassers oben erwähnter Broschüre — den Detaillisten zufallen müßte. In den Branchen, die von jenen geführt werden, üben sie eine unendlich viel größere Herrschaft über die kleinen Geschäfte aus, als es die Warenhäuser bei der großen Anzahl Artikel und verhältnismäßig geringen Auswahl in den einzelnen Branchen vermögen.

Bei der Besteuerung hier eine Trennung zu machen, wäre höchst bedenklich.

Eine Steuer ist keine Geldstrafe, sondern eine notwendige Maßregel zur Beschaffung der Mittel, die ein Staat oder eine Kommune gebraucht, um ihre Pflichten den Staatsangehörigen gegenüber erfüllen zu können. Ist eine neue Steuer erforderlich, so sucht der Staat sie dort zu erheben, wo sie am wenigsten drückend empfunden wird. Sollte also der preußische Staat eine neue Steuer brauchen, so kämen vielleicht die Warenhäuser in Frage, aber natürlich nicht einzelne, sondern alle. Auffallend aber ist es, daß aus dem Kreise der Gewerbetreibenden dem Finanzminister eine neue Steuer angetragen wird, noch ehe die Regierung den Wunsch nach neuen Mitteln verlauten läßt. Das beweist, daß die vorgeschlagene Steuer mehr als Strafe als als Einnahmequelle gedacht ist, und da muß man sich doch fragen, was man eigentlich bestrafen will. Die oben erwähnten unschönen Geschäftsmanipulationen? Die werden viel besser durch Strafgesetze getroffen. Oder die Intelligenz und Rührigkeit der Besitzer? Das wäre doch ungerecht und verkehrt. Oder endlich den Erfolg derartiger Geschäfte? Ja, dann müßten alle Großbetriebe und Fabriken daran glauben, denn auch bei diesen ist nicht überall langsame Entwickelung vorangegangen. In vielen Fällen verdanken dieselben Kapitalisten oder Aktiengesellschaften ihre Entstehung, die derartige neue Betriebe unvermittelt ins Leben rufen, wie wir dies bei Brauereien, Banken, Spinnereien, Mühlen und anderen Industrieen vielfach sehen.

Was die Frage betrifft, in wie weit die bestehende Gewerbeordnung den Handelsbetrieben Garantien für ihr Bestehen bietet, so läßt sich darauf erst antworten, wenn die genauere Formulierung oder Abänderung der Vorschläge erkennen läßt, ob die eventuelle Belastung die Betriebe in ihrer Lebensfähigkeit zu beeinträchtigen im Stande ist oder nicht.

III.

Die Großbazare verdrängen das Kleingewerbe.

Wenn die Detaillisten in den kleineren Städten obigen Satz aufstellen und an Hand von Beispielen beweisen, so giebt ihnen in den meisten Fällen die an sich selbst und an anderen gemachte Erfahrungen den Grund und eine gewisse Berechtigung dazu.

Nach Eröffnung eines neuen Warenhauses in einer kleinen Stadt pflegen die Besitzer der kleineren Betriebe sofort einen Rückgang ihres Umsatzes zu konstatieren. Es kann ja nicht ausbleiben, daß der gleich anfänglich verhältnismäßig bedeutende Umsatz des neuen Geschäftes den alten genommen wird, da ein Mehrkonsum im gleichen Verhältnis nicht sogleich vorhanden ist. Aber nach kurzer Zeit ist thatsächlich ein Mehrkonsum geschaffen, da die Einwohner viele Dinge jetzt am Platze kaufen, die sie sonst von auswärts bezogen und zudem auch mancherlei nur des billigen Preises wegen gekauft wird.

Die Gewerbestatistik mit ihren stetig steigenden Zahlen von kaufmännischen Betrieben versagt hier nun völlig, um eine Verdrängung des Kleingewerbes zu beweisen. Vielleicht wäre sogar ein Rückgang der Zahl ganz vorteilhaft, da doch sicher bei neuer und scharfer Konkurrenz nur die weniger tüchtigen Elemente verschwinden, die anderen sich behaupten können. Dieser Rückgang jedoch ist, wie gesagt, nicht vorhanden, vielmehr finden sich immer mehr Leute, die ohne die nötigen Kenntnisse und Mittel Geschäfte gründen, angelockt durch den Erfolg der Warenhäuser. Da dieselben sich in der ersten Zeit fast nur durch Kredit halten, daher genötigt sind, durch einen erzwungenen Umsatz sich bares Geld zu verschaffen, so versuchen sie durch Preisunterbietung es den Warenhäusern gleich zu thun. Derartige Betriebe schaden den übrigen kleinen Geschäften mehr, als die Bazare, und wenn dieselben nach kurzem der Konkurrenz des kapitalkräftigen Gegners erlegen sind, so hat wahrlich das Kleingewerbe keine Ursache, ihren Untergang zu beklagen. Hier könnte man eher die Schuld den Fabrikanten beimessen, die derartigen Leuten durch unvorsichtiges Kreditgeben immer wieder die Möglichkeit bieten, sich zu etablieren.

Es mögen unter den geschädigten Geschäften auch manche sein, die lange Jahre hindurch in ruhiger Weise ihre Kundschaft bedient und zufriedengestellt hatten, aber derartige Geschäfte sind auch vor Begründung der ersten Warenhäuser, die doch erst vier bis fünf Jahre zurückliegt, hier und da zurückgegangen, nur daß sie dann den schlechten Zeiten, dem Wetter oder der Konkurrenz der Hausierer, Wanderläger, Filialen 2c. die Schuld geben. Heute gelten einfach die Warenhäuser als die Urheber aller Übelstände, höchstens wird in kleinen Städten noch der Not der Landwirtschaft Schuld gegeben.

Die verminderte Kaufkraft der Landbevölkerung, deren Konsequenzen doch viel einfacher zu ziehen sind, mag in der That in den letzten Jahren dem Detailgeschäft, soweit es auf Landkundschaft angewiesen ist, geschadet haben und das läßt hoffen, daß eine bessere Zeit für die Landwirtschaft, auch eine Besserung für die Detailgeschäfte mit sich bringen wird, und diese Rechnung ist zuverlässiger, als die Hoffnung, die man auf die Unterdrückung der Großbetriebe setzt.

Einen neuen Konkurrenten hat sich das Kleingewerbe durch die Einschränkung des Hausierhandels geschaffen. Der Hausierer repräsentiert entschieden eine größere Summe kaufmännischer Intelligenz und Betriebsamkeit, als diejenigen Ladenbesitzer aufzuweisen haben, die sich selbst durchaus nicht in der Lage fühlen, durch eigene Tüchtigkeit einem Niedergange des Geschäftes vorzubeugen. Da die Hausierer zum Teil sich genötigt sahen, ihren Handel im Umherziehen aufzugeben, so haben dieselben vielfach ihre kaufmännischen Kenntnisse im Ladengeschäft auszunutzen gesucht und damit doch immerhin mit eigener Kraft den Kampf aufgenommen. Es ist auch dadurch den bestehenden Geschäften eine neue Konkurrenz entstanden, die sie allerdings insofern wenig stört, als die Inhaber dieser neuen Betriebe bei der Agitation gegen die Warenhäuser mit den übrigen Detaillisten zusammengehen und schon dadurch gegen Angriffe von seiten ihrer Gefährten geschützt sind.

Betrachtet man die Zahlen, die der Bund der Handels- und Gewerbetreibenden zu Berlin über die Zunahme der kaufmännischen Betriebe giebt, so sieht man sofort, daß die Hauptkonkurrenz durch die Zunahme der kleinen Geschäfte zu erklären ist.

Die Zahl derselben betrug im Jahre

1883 = 676238

1895 = 905491.

Wenn man nun berechnen will, in welcher Weise die Konkurrenz eines Großbetriebes an Stelle von mehreren Kleinbetrieben zu setzen ist, so darf man allerdings nicht, wie der oben erwähnte Bund, die Großbetriebe schon bei einem Umsatz von über 20—25000 Mk. zu rechnen anfangen. Ein Geschäft, in dem im Jahre unter 20000 Mk. umgesetzt wird, kann man überhaupt nicht als rentabel ansehen.

Denn nehmen wir z. B. einen Umsatz von 15000 Mk.

als Bruttogewinn etwa 30% vom Umsatz = 4500 Mk.

rechnen wir dann

für Miete	1000 Mk.	
„ Salair	1000 „	
„ Unkosten, Steuer, Heizung, Beleuchtung, Verluste ꝛc. sogar an	1000 „	3000 „
so bleiben nur		1500 Mk.

über, obgleich obige Rechnung noch viel zu günstig gehalten ist.

Angenommen also, es bleiben 1500 Mk. übrig, so wird man mir zugeben, daß davon eine Familie nur sehr schwer leben kann. Wie der Bund also dazu kommt, schon bei 20—25000 Mk. Umsatz von Großbetrieben zu reden, während doch Betriebe mit weniger Umsatz kaum existenzfähig sind, ist nicht zu verstehen. Ich will den Durchschnittsumsatz eines gut gehenden kleinen Geschäfts mit 40000 Mk. annehmen, denn man muß mit wirklich gutgehenden rechnen, da sonst eine Grenze überhaupt nicht zu ziehen ist. Man wird doch nicht Geschäfte schützen wollen, die überhaupt nicht lebensfähig sind, und sicher hat man zur Agitation nur derartige Zahlen angeführt, um den Kontrast um so größer zu machen.

In der Broschüre heißt es also: „Ein Großbazar mit 25 Millionen Mark Umsatz tritt an die Stelle von tausend Einzelunternehmungen."

Ich habe in diesem Abschnitt bisher nur von dem Geschäft in den kleinen Städten gesprochen, muß jedoch zur Widerlegung obiger Behauptung die davon gänzlich verschiedene Lage des Geschäfts in den großen Städten besprechen.

Einen Großbazar mit 25 Millionen Umsatz hat nur Berlin und man sollte annehmen, daß derselbe tausend Kleinbetriebe zur Einstellung des Geschäfts gezwungen habe. Da man aber, wie gesagt, nicht 20000 Mk. sondern eher das Doppelte als Durchschnittsumsatz annehmen muß, so wären also nur 500 betroffen, und die Zahl dieser Betriebe hat in Berlin nicht ab-, sondern zugenommen. Schon dieser Umstand allein sollte beweisen können, daß der effektive, durch das Angebot erzeugte Mehrkonsum in Berlin ein sehr großer ist, da ja auch ohne die Warenhäuser die unverhältnismäßig gestiegene Anzahl der kleinen Geschäfte für die bestehenden eine erdrückende Konkurrenz sein müßte.

Überlegt man sich ferner, in welcher Weise die Warenhäuser als Konkurrenz wirken, so findet man, daß ein Warenhaus aus mehreren einzelnen Abteilungen besteht, deren jede einzelne gewissermaßen ein Detailgeschäft darstellt. Durch die Eröffnung eines neuen Bazars erwächst den einzelnen in der Stadt bestehenden Geschäfts**branchen** nur je ein neues Konkurrenzgeschäft. Während nun kein Kolonialwarenhändler im Norden oder Süden von Berlin sich beunruhigen würde, wenn im Zentrum oder Westen ein großes Kolonialwarengeschäft eröffnet wird, das vielleicht zwei- bis dreimalhunderttausend Mark im Jahre umsetzt, geraten die Detaillisten aller Branchen in allen Teilen der Stadt in Erregung, wenn ein Warenhaus in der Leipzigerstraße sich z. B. Kolonialwaren oder einen andern

Artikel zulegt, obgleich ein Unterschied gegen das obige Beispiel nicht zu sehen ist. Ebenso steht es mit den andern Branchen, die lieber ein neues Riesenspezialgeschäft in ihren Artikeln dulden, als zugeben wollen, daß ein Großbazar ihre Artikel unter vielen andern, also immerhin nebenbei zum Verkauf bringt.

Während man für die Kleinstadt eine Zurückdrängung des Kleinhandels durch die Warenhäuser zugeben muß, ist für die Großstadt und speziell Berlin dergleichen ganz unerwiesen. Wenn der Verein der Detaillisten in Hannover oder in anderen größeren und kleineren Städten die Verdrängung des Kleinbetriebes durch Agitation gegen die Warenhäuser verhindern will, so ist das ein immerhin begreiflicher Akt der Notwehr, aber die Angriffe des Bundes der Handel- und Gewerbetreibenden in Berlin entbehren insofern der moralischen Berechtigung, als erstens für Berlin eine Verdrängung des Kleinbetriebes nicht konstatiert ist und zweitens diejenigen, die die erwähnte Broschüre herausgegeben haben, anscheinend nicht gerade zu dem notleidenden Kleingewerbe gehören.

Man muß im Publikum doch allmählich eine sehr geringe Meinung von den Detailgeschäften bekommen, wenn von maßgebender Seite immer wieder über ihren Niedergang und die Unfähigkeit, gegen die Warenhäuser aufzukommen, geklagt wird. Gerade in Berlin sehen wir allenthalben die mittleren Geschäfte aufblühen und in allen Branchen entwickeln sich Spezialgeschäfte, gegen deren Auswahl und Geschmack die Warenhäuser überhaupt nicht ankommen können. Gerade in der Nähe der Warenhäuser sind mittlere Läden sehr gesucht, die Preise der Mieten steigen hier bedeutend, denn die Bazare ziehen den Verkehr nach den betreffenden Straßen hin, sodaß das gesamte Geschäft sehr belebt wird. Daß in absehbarer Zeit in großen Städten Geschäfte mit weniger als 20 bis 25000 Mk. Umsatz nicht mehr existieren können, wird auch durch gänzliche Beseitigung der Warenhäuser nicht verhindert werden. Der Geschmack und die Ansprüche des mittleren und kleineren Bürgerpublikums sind eben sehr gestiegen und da die Geschäfte doch schließlich des Publikums wegen da sind, so müssen sie sich auch den von demselben gewünschten Formen fügen. Es mag ja bedauerlich sein, daß für diese kleinen Existenzen die Möglichkeit des Bestehens immer schwerer wird, aber bestreiten läßt sich die Thatsache nicht.

Wenn man sieht, in welchen Mengen heute fertige Herrenkonfektion von großen Spezialgeschäften verkauft wird, so muß man sich fragen, nicht nur, wie dabei die kleinen Schneider bestehen können, sondern auch, wer früher derartige Quantitäten herzustellen im Stande gewesen wäre, die doch thatsächlich ihre Abnehmer finden. Es muß also auch hier ein großer Mehrkonsum gegen früher herrschen, da die früheren kleinen Betriebe auch nicht den zehnten Teil des heute vorhandenen Bedarfs überhaupt hätten decken können.

Wenn alle im Handwerk und Kleingewerbe frei werdenden Kräfte glauben berechtigt zu sein, im Detailgeschäft ihr Auskommen zu finden, so ist diese Annahme eben verkehrt, und der Staat kann unmöglich verlangen, daß hier Platz gelassen wird für jeden, dem sein früherer Beruf nicht mehr die Mittel zum Leben bietet und der daher in die Reihen eines Standes eintritt, der an sich schon sehr überfüllt ist.

IV.

Die Arbeitsgelegenheit in den Warenhäusern.

Der Bismarck'sche Ausspruch, daß der Staat kein Interesse an dem Entstehen großer Betriebe habe, die dem Staat nicht mehr an Einkommensteuer zahlen, als was sie tausend kleinen an Steuerkraft entziehen," stammt aus der Zeit, als es Warenhäuser im heutigen Sinne noch nicht gab. Trotzdem muß man die prinzipielle Richtigkeit dieser Behauptung zugeben, wenn bewiesen werden kann, daß den kleinen wirklich im selben Verhältnis Steuerkraft entzogen wird, wie die Bazare Steuer zahlen.

Nach den Zahlen der vom Bund der Handel- und Gewerbetreibenden aufgestellten Statistik zahlen von 159000 Gewerbetreibenden überhaupt nur zwei Drittel eine Gewerbesteuer, das letzte Drittel hat unter 1500 Mk. Einkommen. Der Notstand und die Schädigung durch die Warenhäuser betrifft aber in der Hauptsache diese kleinsten Betriebe und kann also auf die absolute Höhe des Gewerbesteuer-Ertrages nicht schädlich wirken. Vielmehr versteuern die Warenhäuser heute einen Teil, der früher überhaupt nicht mit herangezogen werden konnte.

Diese kleinen Kaufleute nun, die unter 1500 Mk. erzielten, werden heute gezwungen sein, ihre Selbständigkeit aufzugeben und Stellungen anzunehmen. Ja, ist das denn überhaupt eine Selbständigkeit zu nennen, wenn man vom Ertrage des Geschäftes kaum seine Familie ernähren kann und noch dazu von den Lieferanten, deren Kredit man in Anspruch nimmt, mehr abhängig ist, als ein Angestellter von seinem Prinzipal?

Nun wird behauptet, die Bazare böten nicht für so viele Menschen Arbeitsgelegenheit, wie die Kleinbetriebe. Darauf ist erstens zu erwidern, daß die Warenhäuser ihren Angestellten neben Arbeit doch wenigstens ein Auskommen bieten, was in den oben geschilderten Betrieben nicht der Fall ist, da ein Geschäftsinhaber, der für sich selbst kaum genug zum Leben verdient, auch seine Angestellten nicht besser stellen kann. Außerdem aber wird gesagt, daß „im Handelsbetrieb durchschnittlich kaum $1/2$ Hilfskraft auf einen Betrieb entfällt“, somit nur 500 auf 1000, während ein Warenhaus, das diese Tausend „ersetzt“, etwa 3000 Angestellte und nicht 1000, wie behauptet, hat. Aus dem statistischen Material verschiedener Warenhäuser ersieht man, daß durchschnittlich eine Hilfskraft zum Umsatz von 10000 Mk. nötig ist. Für 25000 Mk. also $2^1/_2$, während im Kleinbetrieb Geschäfte mit 25000 Mk. Umsatz nur $1/2$ Hilfskraft beschäftigen. In Wirklichkeit „ersetzt“ ja nun das Warenhaus nicht die erwähnten Betriebe, sondern erschwert ihnen nur die Konkurrenz, bietet dafür aber zahlreichen, speziell weiblichen Personen eine Arbeitsmöglichkeit, die früher überhaupt nicht bestand. Thatsächlich ist heute in Berlin ein Mangel an Verkäuferinnen und besonders an guten Einkäufern, und dieser Mangel wird noch ziemliche Zeit anhalten und vielen die Möglichkeit bieten, ihre Existenz zu finden.

Dazu kommt noch, daß die Mehrzahl der in den Warenhäusern Angestellten dem eigentlichen Mittelstande entstammt, und mancher Kaufmann oder Beamte, dessen Töchter und Söhne dort gute Einkommen beziehen und dadurch zur Ernährung ihrer Familie beitragen, meint dennoch gegen die Großbetriebe agitieren zu müssen.

Für ältere Leute allerdings ist die Möglichkeit, Stellungen zu erhalten, viel schwerer, findet jedoch ihre Parallele in der Industrie, wo ältere Leute noch viel weniger Stellung finden, und für diese ist die Aufgabe ihres selbständigen Betriebes jedenfalls ein schwerer Schritt, aber die Entwickelung wird es mit sich bringen, daß die neue Generation mehr unselbständige Existenzen mit gutem Auskommen als selbständige aufweisen wird, die ihr ganzes Leben mit der Not kämpfen und dennoch niemals wissen, ob ihr Geschäft im nächsten Jahre überhaupt noch den zum Leben nötigen Ertrag geben wird.

Der Angestellte der Warenhäuser ist im Grunde genommen

ein freierer Mann als der Inhaber dieser kleinen und kleinsten Betriebe, oder gar dessen Angestellte, und an dem Beispiel des Bon Marché kann man erkennen, wohin ein gemeinsames Arbeiten der Angestellten führen kann. Bekanntlich gehört heute der Bon Marché den Angestellten, die zur Zeit des Todes der ehemaligen Besitzerin in dem Hause thätig waren, und] wenn der Bon Marché vielleicht auch vielen kleinen und kleinsten Geschäften die Möglichkeit des selbständigen Fortbestehens genommen hat, so hat er anderseits eine große Anzahl von Existenzen geschaffen, die heute alle — ohne selbständig zu sein — die Früchte ihrer eigenen Arbeit genießen.

Ein so gründliches Aufsaugen der Kleinbetriebe des Handels, wie es in der Industrie stattgefunden hat, ist weder wünschenswert, noch möglich, aber eine Begünstigung der nicht lebensfähigen Betriebe wäre ebenso wenig zweckmäßig und eine falsche Anwendung der Humanitätsgedanken. Wenn man ihre Lage bessern könnte, so würde man jeden Vorschlag, der diesem Zweck dient, mit Freude begrüßen müssen, aber ihre jetzige Scheinexistenz sichern zu wollen, wäre ein schlechter Freundschaftsdienst.

V.

Die traurige Zukunft der Kleingewerbetreibenden.

1100 Mk. berechnet der Bund der Handel- und Gewerbetreibenden als Durchschnittseinkommen der Kleingewerbetreibenden in Preußen. Diese Zahl ist aufgestellt worden, bevor von einer eigentlichen Wirkung der Warenhäuser die Rede sein konnte.

Wenn diese Zahl richtig ist, so befindet sich allerdings der Kleinhandel in einer so traurigen Lage, daß man von Rentabilität nicht mehr sprechen kann. Daß hier Umstände abgewendet werden müßten, die geeignet sind, diese Situation noch zu verschlechtern, liegt auf der Hand.

Viel wichtiger aber wäre es doch, Vorschläge zur Besserung zu machen, denn mit dem Fortbestehen der erwähnten schlechten Lage wäre dem Kleingewerbetreibenden in keiner Weise gedient, wenn nämlich die Verhältnisse wirklich so traurig liegen. Wie kommt es dann aber, daß sich immer mehr Arbeitskräfte dem Kleingewerbe zuwenden, das nach obiger Schilderung sich nicht rentiert?

Man denkt sich eben den Gelderwerb im Handel als sehr leicht und bequem, obgleich doch der Fortschritt auf allen Gebieten auch im Handel so viele Neuerungen geschaffen hat, daß man denselben Rechnung tragen muß, wenn der Kampf mit der Konkurrenz siegreich bestanden werden soll.

Wenn man nun durch Zugrundelegen der Bedürfnisfrage einer gewissen Anzahl von Detailgeschäften eine gesicherte Existenz geben könnte, so würde eine weitere Vermehrung der Betriebe nur im Verhältnis zum Anwachsen des Bedarfes und der Bevölkerung erfolgen, aber wohin sollen sich dann alle die Arbeitskräfte wenden, die heute, wenn auch ohne Erfolg, die Reihen der Kleingewerbetreibenden füllen? Wenn man aber eine unbeschränkte

Vermehrung gestatten will, wie kann man dann die Lage der bestehenden Geschäfte bessern?

Von 1882—1895 haben sich die Kleinbetriebe in Preußen um 230000 vermehrt. Da ein Warenhaus größter Art 500 dieser Betriebe „ersetzt", so ist aus dem Kreise der Kleingewerbetreibenden heraus den vorher bestehenden Geschäften in dem genannten Zeitraum eine Konkurrenz entstanden, wie sie 460 der allergrößten Warenhäuser repräsentieren, und dagegen] kommt das eine wirklich bestehende doch kaum in Betracht. Die weitere Vermehrung der Großbetriebe läßt sich ja nötigenfalls verhindern, obgleich ein rechtliches Mittel dazu schwer zu finden ist, aber die schlimmste Konkurrenz, die aus dem eigenen Lager, will man weder anerkennen noch bekämpfen. Dieselbe ist nicht so auffällig, und tritt auch nicht so plötzlich auf, wie die Warenhäuser, aber vorhanden ist sie trotzdem. Der Staat hat sicherlich kein Interesse daran, daß sich das Durchschnittseinkommen der Steuerzahler erster Klasse unverhältnismäßig vermehrt, aber ebensowenig kann der Staat in einem Geschäftszweig, der immer mehr überfüllt wird, die einzelnen Mitglieder dagegen schützen, daß sie sich gegenseitig erdrücken.

Wenn nun das erwähnte Warenhaus einen Reingewinn von einer Million ergiebt, so muß man bedenken, daß dasselbe etwa Zweieinviertel Millionen für Salaire ausgiebt, und wenn dasselbe wirklich 1000 kleinen Existenzen ihr Einkommen à 1000 Mk. abgenommen hätte, so liefert es einer viel größeren Anzahl von Personen ein eben so hohes oder höheres Einkommen. Für männliche Angestellte beträgt der Durchschnittssatz etwas über 1500 Mk., für Verheiratete annähernd 3000 Mk., für weibliche 700—900 Mk. im Jahr, und da die Warenhäuser eben verhältnismäßig viel mehr Personal gebrauchen als kleine Geschäfte, so läßt sich vom sozialpolitischen Standpunkt aus nichts gegen die Zunahme von derartigen abhängigen Existenzen einwenden. Zudem beweisen die Statistiken, welche die Warenhäuser über ihre Angestellten führen, daß die Mehrzahl der männlichen Angestellten im Alter von 25 bis 30 Jahren heiratet und scheint vorläufig somit die Sorge, es möchte uns gehen, wie unsern Nachbarn in Frankreich, unbegründet.

VI.

Gewerbesteuer.

Die durch die Warenhäuser geschädigten Betriebe befinden sich größtenteils unter den kleinen und kleinsten ihrer Art. Da nach der Berechnung des Bundes der Handel- und Gewerbetreibenden in Berlin das Einkommen der Mehrzahl der Kleingewerbetreibenden in Preußen nur 1100 Mk. beträgt, so wird eine Gewerbesteuer von denselben ja überhaupt nicht erhoben. Ein Schaden für den Staat kann sich also durch Einschränkung dieser Betriebe nicht ergeben, vielmehr zahlen die Warenhäuser, wenn auch nicht viel, so doch immerhin einen Steuerbetrag, der dem Staat früher völlig entging. Zudem ist die Einziehung eines Gewerbesteuerbetrages in einer Summe für den Staat viel vorteilhafter, da die Veranlagung und Regulierung bei kleinen Betrieben eine unverhältnismäßige Arbeit verlangt. Da aber doch schließlich das Wohl einer großen Bevölkerungsklasse wichtiger ist als die Bereicherung der Staatskasse, so wäre das kein Grund, den Warenhäusern das Wort zu reden.

Man muß zugeben, daß die Bestimmung, welche das Maximum der Gewerbesteuer auf 1 % (in Berlin 1½ %) vom Ertrag festlegt, die weniger nutzbringend arbeitenden kleinen Betriebe mehr belastet, als die ihr Kapital viel besser ausnutzenden Warenhäuser.

Wenn man nun den kleinen Gewerbetreibenden durch Erlassen der im einzelnen ja nur geringen Steuersumme eine Erleichterung schaffen könnte, so könnte man ja zur Deckung dieses Ausfalles die fehlenden Beträge auf die Warenhäuser verteilen. Aber erstens zahlt ja ein Drittel der Gewerbetreibenden überhaupt keine Gewerbesteuer, denen man sie also auch nicht erlassen kann, und diejenigen, welche den Mindestbetrag von 16 Mk. zahlen, wird durch Ablösung dieser Summe auch nicht wesentlich gedient, während die mit höheren Beträgen veranlagten Betriebe weniger zu den von den Warenhäusern geschädigten gehören und auf fremde Hilfe nicht angewiesen sind.

Durch direkte Verschiebung der Lasten ist hier also nichts zu erreichen, doch hindert das nicht, daß man an eine höhere Besteuerung der Warenhäuser herantritt, nur darf man diese Frage nicht direkt mit der den Kleinhandel zu bringenden Hilfe verbinden, wie ich schon früher ausgeführt habe.

Höchstens könnte man versuchen, diejenigen Warenhäuser oder deren Ableger besser zur Steuer heranzuziehen, die heute thatsächlich nicht den erforderlichen Betrag zahlen. Wenn also ein Warenhaus im ersten vollen Jahr des Bestehens unter 5 % des Umsatzes als Reingewinn zur Einkommen- und Gewerbesteuer angiebt, so könnte man trotzdem die Steuer auf Grundlage eines Einkommens von 5 pCt. des Umsatzes berechnen. Dieser Satz könnte eventuell sogar noch um ½ oder 1 % erhöht werden, wenn es sich zeigt, daß der im allgemeinen verdiente Durchschnittssatz höher liegt. Jedenfalls würde dadurch ein vielfach konstatiertes Vorkommnis verhindert, daß nämlich ein Warenhaus auch nach dem ersten Jahr seines Bestehens einen nennenswerten Reinertrag scheinbar nicht liefert, somit in der That die Staatskasse schädigt und ohne selbst Vorteil davon zu haben, den bestehenden Geschäften Konkurrenz macht.

Dasselbe würde für Filialen gelten, deren Hauptbetrieb außerhalb Preußens liegt, falls solche nicht jede für sich den oben erwähnten Reinertrag mit etwa 5 % vom Umsatz ergeben.

Hierdurch würde einem direkt böswilligen Verschleudern zum Zweck der Vernichtung der Konkurrenz vorgebeugt, ohne daß dadurch eine eigentlich neue Belastung geschaffen wird.

Damit wäre der ausgleichenden Gerechtigkeit zum größeren Teil Genüge gethan, insofern, als dann die Großbetriebe infolge des steigenden Satzes der Steuern annähernd eben so viel vom Umsatz versteuern müßten, wie die Kleinbetriebe, in denen oft 10 % vom Umsatz als Reingewinn erzielt wird. Die hier etwa noch bleibende Differenz kann durch Anfügung einer letzten Klasse als Zuschlag zur Gewerbesteuer von den einzelnen Gemeinden erhoben werden und müßte dies ganze System naturgemäß auf alle Großbetriebe des Handels, also auch auf Genossenschaften, Gesellschaften 2c. angewendet werden.

Die unterste Grenze der Großbetriebe kann man allerdings nicht, wie der Bund der Handel- und Gewerbetreibenden, bei einem Umsatz von 20—25000 Mk. festlegen, sondern je nach der Größe der Städte wäre der Anfang bei einem Umsatz von 150000 bis 200000 Mk. zu machen. Es handelt sich hier nur um das Prinzip, da ja die ganz kleinen Betriebe ohnehin mehr als 5 % verdienen müssen, um bestehen zu können. Zudem wird eine zu niedrige Festlegung des Mindestumsatzes unverhältnismäßig viel Arbeit für die Behörde verursachen, und vor allem sollte man schon deshalb erst bei wirklich größeren Betrieben beginnen, damit nicht die erzwungene Mitteilung des Geschäftsumsatzes all zu große Schichten von Gewerbetreibenden betrifft. Diesem Umstand trägt auch der Vorschlag der Regierung Rechnung, indem er erst bei einem Mindestumsatz von einer halben Million die Warenhäuser zur Steuer heranziehen will.

Der Reingewinn der Warenhäuser kann und wird niemals einen viel höheren Prozentsatz als etwa 6 % vom Umsatz erreichen und daher sind die in der Broschüre des Bundes der Handel- und Gewerbetreibenden über Dividenden und Bilanzen Pariser Großbazare gebrauchten Zahlen völlig falsch. Der Printemps, dessen Jahresberichte mir vorliegen, giebt nicht 30 %, wie behauptet wird, sondern 6 % durchschnittlich Dividende, auch die vom Bon Marché berichteten Abschreibungen und Vergütungen für Tantièmen sind mehr als dreimal zu hoch gegriffen, wie auf eine Anfrage hin das Generalsekretariat mitgeteilt hat.

VII.

Stellungnahme des Finanzministers zum Schutz des Kleingewerbes.

In den Kreisen, die es sich zur Aufgabe gemacht haben, die schlechte Lage der Detaillisten zu bessern, scheint der Gedanke einer Warenhaussteuer mit demjenigen des Schutzes des Kleingewerbes so fest verbunden zu sein, daß man einzig vom Finanzminister diesen Schutz erwartet, also auf Hilfe weniger Wert legt, als auf Unterdrückung des Gegners. Wäre es nicht vielleicht eher Sache des Handelsministeriums, mit positiven Vorschlägen zur Besserung der Lage des Kleingewerbes hervorzutreten? Das hindert ja nicht, daß der Finanzminister sich einen rechtlich begründeten Mehrbetrag von den Großbetrieben sichert, aber das Kleingewerbe durch Besteuerung anderer Klassen zu schützen, ist doch wohl nicht seine Aufgabe.

Daß Herr von Miquel einer Warenhaussteuer Interesse entgegengebracht hat, ist nur natürlich, wenn dabei auch wohl kaum die Notlage der kleinen Geschäfte, sondern eher die Leistungsfähigkeit der Großbetriebe in steuerlicher Hinsicht maßgebend gewesen sein mag.

Damals (Mai 1898) erklärte der Minister: „Man solle der Vergewaltigung des Kleingewerbes mittels Umgestaltung der Gewerbesteuer zum Zweck der Entlastung des Kleingewerbes entgegentreten." Wenn es sich um Entlastung handelt, so kann sich das nur auf etwa zu erlassende Abgaben beziehen. Ich habe oben diesen Fall schon besprochen. Wünschenswert wäre diese Entlastung sicher, aber dem Kleingewerbe wird sie kaum zu gute kommen, da gerade die schwächsten Betriebe überhaupt kaum nennenswerte Beträge zahlen. Die geschäftlichen Unkosten und Ausgaben würden sich dadurch um einige Mark pro Jahr reduzieren, aber der Umsatz, der doch die Hauptbedingung für das Geschäft ist, wird durch die Entlastung nicht gehoben.

Eine direkte Entlastung des Kleingewerbes kann doch eben nur so weit gehen, daß man ihm alle Abgaben erläßt und sich für den Ausfall bei den Großbetrieben entschädigt. Damit ist die Hilfe des Finanzministers aber erschöpft und muß man sich doch fragen, was geschehen soll, wenn, wie natürlich, diese Maßregel nicht den gewünschten Erfolg hat. Darauf geht der Bund der Handel- und Gewerbetreibenden mit keinem Worte ein, und man muß beinahe zu der Ansicht kommen, daß ihm viel mehr an der Belastung oder Beseitigung der Warenhäuser als am Schutz des Kleingewerbes liegt.

Dem Kleingewerbe kann man nur dringend raten, auf die Hilfe, die ihnen von dieser Seite kommt, nicht zu fest zu bauen, sondern zu versuchen, sich selbst zu schützen, und zwar nicht durch Verteidigung seiner Position, sondern durch unermüdliches Vorwärtsgehen. Unzähligen ist es auch gelungen, durch zähen Fleiß und Intelligenz von den kleinsten Anfängen an in die ersten Reihen der Detailgeschäfte zu gelangen, und diese klagen auch heute nicht und sind Beispiele dafür, daß man mehr durch kaufmännische Tüchtigkeit als durch erlassene Steuern in die Höhe kommt. Für untüchtige Elemente ist im heutigen scharfen Existenzkampf kein Platz, sie werden auch auf die Dauer nicht vom Staate gegen alle Eventualitäten geschützt werden können und sich mit Abhängigkeit zufrieden geben müssen, wenn sie zur Selbständigkeit nicht die Fähigkeiten haben

Wollte man Befähigungsnachweis für Kaufleute einführen, so würden schon die unbrauchbaren Elemente ausscheiden, aber daran kann ja im Ernst niemand denken.

Die Entvölkerung des flachen Landes beweist, daß die Städte allmählich alle die aufnehmen müssen, die auf dem Lande nicht mehr ihr Auskommen finden. Daß diese Klasse nicht gerade für den Handel geeignet ist, hindert nicht, daß sie sich ihm vielfach zuwendet. Wenn man ihr die Existenzbedingungen auf dem Lande erträglicher machen könnte, so würde dieser Zufluß allmählich aufhören und der eigentliche Stand der kleinen Gewerbetreibenden hätte mehr Platz für seine Mitglieder.

Diese können nun mancherlei thun, um bei dem allgemeinen Aufschwung auf allen Gebieten auch ihren Vorteil zu finden.

Der Verkauf gegen Baar, dessen Einführung die Warenhäuser so durchschlagend erreicht haben, ist für kleine Betriebe zwar schwer durchführbar, wenn sich nicht alle zusammenschließen. Geschieht dies aber, dann wird das Publikum sich bald an diese Einrichtung gewöhnen, und welche Vorteile dieselbe bietet, liegt auf der Hand.

Einkaufsvereinigungen haben die denkbar besten Erfolge gezeitigt. Der Verein süddeutscher Kaufleute in Weimar zählt heute etwa 120 Mitglieder, die Vereinigung der Hamburger Engros-Lager etwa 180. Der gemeinsame Einkauf setzt die Mitglieder in die Lage, ebenso billig einzukaufen, wie die Großbetriebe, und die Erfahrung zeigt, daß die diesen Verbänden angehörigen Geschäfte trotz der Warenhäuser gut reussieren, ihre Umsätze und Gewinne erhöhen und eventuell selbst Großbetriebe ins Leben rufen. Daß dies die gesündeste Art der Selbsthilfe ist, wird niemand bestreiten, aber natürlich kann nicht jeder Ladenbesitzer Mitglied einer derartigen Vereinigung sein. Vorläufig aber ist hier noch ein großes Feld für strebsame Kaufleute, die die Initiative besitzen, derartige Vereine zusammenzubringen oder sich ihnen anzuschließen.

Die unliebenswürdige Behandlung des Publikums in den kleinen Geschäften hat den Warenhäusern viel Kundschaft verschafft. Liebenswürdige Behandlung, auch bei dem geringsten Einkauf, ja selbst, wenn ein solcher nicht zu stande kommt, kann viel wieder gut machen.

Spezialisierung in wenigen Branchen bietet den besten Gegensatz gegen die Sortimentsgeschäfte, und besonders sind es hier die besseren und besten Qualitäten, in denen der Kleinbetrieb dem Warenhaus überlegen ist.

Vor allem aber müssen die unfruchtbaren Schimpfereien und Klagen aufhören, die wohl mehr als alles andere den Ruf der Warenhäuser begründet und die Tüchtigkeit der Kleindetaillisten in Mißkredit gebracht haben. Viel Unheil ist dadurch angerichtet worden, daß man alle Waren der Großkonkurrenz als Schundartikel bezeichnete. Seitdem das Publikum selbst die Unrichtigkeit dieser Behauptung eingesehen und durch seine dauernde Kundschaft bewiesen hat, glaubt es den Detaillisten auch dann nichts mehr, wenn sie mit Recht klagen. Die Warenhäuser sind heute die besten Freunde des kleinen Bürger- und Arbeiterpublikums. Und wenn heute in Berlin mit Umgegend und Fremden etwa 3 Millionen Menschen jährlich in denselben kaufen, so muß man sich doch fragen, ob das Interesse dieser Leute nicht ebenso wichtig ist, wie dasjenige einer Anzahl von Ladenbesitzern, die dem Publikum eben nicht dasselbe bieten können und wollen, wie die Großbetriebe. Hieraus soll der Detaillist lernen, daß der entscheidende Faktor heute das Publikum ist und daß, je mehr man dessen Wünschen entgegenkommt, desto sicherer auf Erfolg zu rechnen ist.

Professor Huber zitiert in seiner Broschüre eine Bemerkung Oesers:

„Die Großgeschäfte sind nicht etwa Schöpfungen des Großkapitals, sie sind aus den natürlichen Verhältnissen hervorgegangen und meist aus kleinen Anfängen entstanden. Die Hilfe des Großkapitals haben sie erst empfangen, als sie bereits eine beträchtliche Entwickelung hinter sich hatten. Was hier geschah, vollzieht sich auf dem Boden der Gewerbefreiheit immer, d. h. jeder Detaillist kann bei Fleiß, Intelligenz, Thatkraft und Glück sein Unternehmen ebenfalls auf eine Stufe heben, daß ein Waarenhaus d. h. Großunternehmen daraus wird.“ Also nicht unthätig bekämpfen, sondern nacheifern soll der Detaillist den Großbetrieben, denn wenn er Maßregeln durchsetzt, die denselben das Aufkommen unmöglich machen, so steht er sich selbst im Licht und begiebt sich für immer der Möglichkeit, soweit emporzukommen, wie der beneidete Großkonkurrent, und dem letzteren verschafft er die angenehme Sicherheit, daß neue Großunternehmungen nicht mehr entstehen können, während man seinen Betrieb ja doch nicht wieder zu einem Kleinbetrieb reduzieren kann.

VIII.

Bisherige Schritte zu einer Umsatzsteuer.

Von allen bisherigen Schritten zu einer Umsatzsteuer kann man vor allem das eine behaupten: Sie haben die von ihnen erwartete Wirkung in keiner Weise erfüllt und zudem geben sie in ihrer Verschiedenheit einen Begriff von der Uneinigkeit über die angestrebten Ziele, die in den maßgebenden Kreisen herrscht.

Die Warenhäuser durch Steuern zu erdrücken ist leicht, aber damit das gewünschte Resultat, d. h. die Besserung der Lage des Kleingewerbes zu erreichen ist schwer.

In Frankreich, wo sie nur auf die größten Betriebe angewendet wird, hat die Steuer nichts geholfen, denn die Geschäfte prosperieren dabei; in Bayern, wo sie bis 3 % vom Umsatz steigen darf, schadet sie schon mittleren Betrieben, ohne die großen zu beseitigen, in Sachsen, wo sie erst in wenigen Städten eingeführt ist, ist die Grenze ebenfalls so tief festgelegt, daß eigentlich alle größeren Geschäfte darunter leiden und den kleineren die Überschreitung eines gewissen Umfanges, ein Vorwärtsstreben also als unvorteilhaft erscheinen muß. In Berlin wiederum gehen die gemachten Vorschläge darauf hinaus, einige Großbetriebe mit einer Steuer zu treffen, andere wieder davon auszuschließen. Zu welchen Konsequenzen das führen würde, ist kaum abzusehen, da eine derartige an Ausnahmegesetze erinnernde Bestimmung die größte Willkür bei der Ausführung geradezu provozieren muß und erfolgreich zum Schüren des Klassen- und Konfessionshasses benutzt werden würde.

Zwei in Deutschland sehr maßgebende Körperschaften, die Ältesten der Berliner Kaufmannschaft und die Bürgerschaft in Hamburg haben offen erklärt, so gern man dem Kleinhandel helfen wolle, so könne man den Ruf nach einer Umsatzsteuer nicht erfüllen, da damit nichts zu erreichen sei.

Daß derartige Urteile aus kaufmännischen Kreisen immer wieder provoziert werden, ohne die Agitation zu beeinflussen, giebt zu denken. Die Idee der Umsatzsteuer ist zweifellos sehr populär und die Verteidiger des Kleingewerbes gehen deshalb auf andere Mittel zur Besserung der Notlage ungern ein. Sie werden über kurz oder lang dazu genötigt sein, mag nun eine Umsatzsteuer in irgend einer Form beschlossen werden oder nicht.

Kommt die Steuer zu stande, so werden sie nach anderen wirksameren Mitteln suchen müssen, um ihre Absicht, Hilfe zu bringen, zu dokumentieren. So dankbare Schlagwörter aber, wie Warenhaus und Mittelstand werden sie kaum wiederfinden. Der Mittelstand besteht aber nur zum kleinsten Teil aus Ladenbesitzern, der weitaus größte Teil besteht aus den Beamten des Staates und der kaufmännischen Betriebe. Diesen beiden Klassen ist aber mit der Steuer wenig gedient, denn jene haben selbst Warenhäuser, diese finden zum Teil bei diesen Betrieben Stellung. Haben diese Klassen weniger Anspruch auf Hilfe? Hat man sie schon gefragt, ob ihnen nicht die Bedrückung der Warenhäuser sehr schaden kann? Werden diejenigen, die das Recht für sich in Anspruch nehmen, die einzig wahren Freunde des Mittelstandes zu sein, mit demselben Eifer, wie für die Ladenbesitzer, auch für die Beamten und Geschäftsangestellten sorgen, auch wenn dabei weniger Popularität zu gewinnen ist? Die bisherigen Erfahrungen lassen das nicht mit Sicherheit annehmen.

IX.

Die Warenhaus-Umsatzsteuer.

Wenn man absieht von dem Schutz des Kleingewerbes und eine einträgliche Steuerquelle für den Staat finden will, so kann man der Idee einer Warenhaussteuer näher treten.

Die scharfe Abgrenzung des Begriffs „Warenhaus“ ist schon vielfach versucht worden und es scheint aus allen Definitionen als gemeinsames Merkmal hervorzugehen, daß eine ziemliche Anzahl verschiedener Branchen und eine gewisse Umsatzziffer erforderlich ist, um ein Geschäft als Warenhaus zu qualifizieren.

Das Gemischtwarengeschäft kleinen Umfanges soll nicht in Frage kommen. Mir scheint hier der Bund der Handel- und Gewerbetreibenden diese Grundsätze am besten zu erläutern: „Das Gemischtwarengeschäft ist erst von einem gewissen Umsatz en als Bazargeschäft zu betrachten. Die Höhe der Grenzziffer wird von der Einwohnerzahl der Städte abhängen. Für Städte über 300000 Einwohner würde dieselbe etwa auf 150000, für Städte unter 300000 Einwohner auf 100000 Mk. zu beziffern sein“. Ich glaube, man kann beide Summen auf die von der Regierung vorgeschlagene halbe Million erhöhen, da sie viel zu niedrig bemessen sind und zu weite Kreise berühren würden.

Sicher wird es bei der Beurteilung in der Praxis, welche Geschäfte zu der zu belastenden Kategorie gehören, viele Unzuträglichkeiten geben. Eventuell befragte Sachverständige sind meistens Konkurrenten und somit wenig unparteiisch, wie aber soll die Behörde allein die Frage beantworten. Ferner ist die Notwendigkeit, den Umsatz der Geschäfte festzustellen, ebenfalls sehr bedenklich, da sie in das Innerste des Betriebes eingreift und die Wahrung des Geschäftsgeheimnisses unmöglich macht.

Eigentlich müßten dann alle Geschäfte ihre Umsätze angeben, da man ja nie wissen kann, ob sie die gefährliche Grenze nicht überschritten haben. Hier ist die Verlockung zur Umgehung des Gesetzes sehr groß und viele werden ihr nicht widerstehen können. Angenommen, ein Kaufman hätte bis zum 20. Dezember 499000 M. umgesetzt; er könnte nun bis zum 1. Jannar noch für 3000 Mk. Waare verkaufen und daran 250 Mk. verdienen. Da er aber dann vielleicht 7—8 Tausend Mk. Umsatzsteuer zahlen müßte, thäte er besser, seinen Laden bis zum 1. Januar zu schließen. Man sieht, zu welchen Konsequenzen das führt. Angebereien, Ausspionieren und Verdächtigungen werden geradzu provoziert. Selbst wenn man den Durchschnitt mehrerer Jahre nimmt, wird nichts gebessert, denn ein Kaufmann, dessen Durchschnittsumsatz durch ein einzelnes besonders gutes Jahr die Grenze überschritten hat, muß mehrere Jahre eine große Steuer bezahlen, wenn auch vielleicht inzwischen der Umsatz schon wieder unterhalb der Grenze ist und der Rückgang des Geschäfts durch die Steuer beschleunigt wird. Je höher man also die Grenze ansetzt, desto leichter wird die Steuer zu handhaben sein.

Angesichts des für die Warenhäuser festgelegten Kriteriums der Verschiedenheit der Branchen geht nun die Mehrzahl der Vorschläge auf die Branchenanzahl als Steuermaßstab hinaus. Auch in dem neuen Entwurf wählt die Regierung als entscheidendes Merkmal die Anzahl der Branchen, wenn auch schon mit zwei Branchen das Steuermaximum erreicht ist. Wir hätten also eine Branchensteuer, diese aber ist ein gar gefährliches Ding. Man drückt sie dem arglosen kleinen Mann als scharfe Waffe in die Hand, sagt ihm aber nicht, daß, wenn er sie erhebt und auf den großen Gegner einhaut, sogleich hinter ihm ein viel gefährlicherer Feind auftaucht, gegen den diese Waffe machtlos ist, das Spezialgeschäft.

Was ein Spezialgeschäft leisten kann, läßt die Wirkungen des Warenhauses als harmlos erscheinen. Der Großspezialist macht sich zwar nur in einer Branche bemerkbar, hier aber gründlich.

Das beste Beispiel ist das Kolonial- und Lebensmittelgeschäft von Felix Potin in Paris, das im vorigen Jahre etwas über 100 Millionen Francs in seinen Artikeln umsetzte. Was sind dagegen die Quantitäten an Lebensmitteln, die ein Warenhaus verkauft? In den Wäsche-, Kleiderstoff-, Seiden-, Schuhwaren-, Teppich-, Möbel-, Hausstandsartikelbranchen und vielen anderen sehen wir Spezialgeschäfte entstehen, die in ihren Sortimenten geradezu erschöpfend und maßgebend sind, und zwar sind sowohl die billigsten wie die teuersten Genres von Geschäften vertreten.

Zwingt man nun die Warenhäuser, einzelne Branchen aufzugeben, so werden anfänglich die Kleinvertreter dieser Branchen jubeln, die anderen den Druck schwerer empfinden, da die Warenhäuser vor der Hand nur durch eine vergrößerte Auswahl in den restierenden Artikeln den Ausfall an Umsatz einbringen werden. Ist dies aber geschehen, so ist schon jetzt vorauszusehen, daß sie entweder selbst oder mit vorgeschobenen Personen in den ihnen abgenommenen Branchen Spezialgeschäfte größter Art errichten werden.

Die Branchensteuer versagt hier und der den kleinen Spezialisten verursachte Schaden wird unendlich viel größer sein als vorher. Besonders prägnant zeigt dies die Kolonial- und Eßwarenbranche, deren Hineinziehung in den Großbetrieb wohl am meisten böses Blut gemacht hat. Es ist ernstlich zu befürchten, daß Etablissements à la Potin in Berlin die sofortige Folge der Branchensteuer sein werden, und dann werden die Kolonialwarenhändler die Zeit zurückwünschen, als die Warenhäuser noch in einer kleinen Abteilung diese Artikel führten.

Dasselbe Schicksal droht den anderen Branchen. Wäre wohl den Photographen damit gedient, wenn die Warenhäuser in ihren Häusern keine Aufnahmen mehr machten und statt dessen ein Riesenatelier mit denselben oder noch billigeren Verkaufspreisen als selbstandiges Unternehmen errichten? Daß die Großbetriebe sich zur Wehr setzen werden, liegt doch auf der Hand, und was dann? Ich glaube nicht, daß der Bund der Handel- und Gewerbetreibenden fur diesen Fall ein Mittel hat, um die Geister, die er rief, wieder los zu werden.

Noch einen andern Nachteil hat die beabsichtigte Einschränkung der Branchenzahl. Wenn ein Geschäftsinhaber Lust oder Ursache hat, sich noch diesen oder jenen Artikel zuzulegen, um sein Geschäft zu vergrößern, so wäre ihm dieser Weg abgeschnitten. Man wird mir entgegnen, daß eine Einschränkung der Branchen ja nicht gesetzlich angeordnet werden soll, sondern dem Geschäftsmann frei überlassen bleibt, wenn er die Steuer bezahlen will. Ein Blick auf den Vorschlag zur „Einteilung der Sammelgruppen" wie ihn der Bund der Handel- und Gewerbetreibenden macht, genügt, um einzusehen, daß die Annahme dieses Vorschlages mit dem striktesten Verbot des Führens vieler Branchen identisch wäre. Daß dies auch thatsächlich beabsichtigt ist, ist klar, aber die Antragsteller wollen das nicht offen zugeben. Bei Führung aller berücksichtigten 23 Branchen — und die Warenhäuser führen zum Teil noch mehr — wären über 12% vom Gesamtumsatz zu zahlen, während man selbst im kleinsten Betrieb nicht mehr als 8—10% vom Umsatz überhaupt als Nettoverdienst annehmen kann.

Diese Aufstellung von „Sammelgruppen" soll auch nur ein Versuch sein, ist aber sicher ein mißlungener. Viel plausibler ist schon der frühere Vorschlag der Regierung mit seinen 5 Sammelbranchen. Das Schicksal desselben ist bekannt. Die Handelskammern erklärten ihn für unannehmbar und die Detaillisten selbst wollten nichts davon wissen.

Was nun den heute vorliegenden Entwurf betrifft, so erinnert derselbe in seiner Formulierung an den früheren. Die gesamten Artikel sind aber nur in vier Branchen eingeteilt, lassen also der Entwickelung einen etwas freieren Spielraum. Im Vergleich zu den extremen Forderungen des Bundes der Handel- und Gewerbetreibenden repräsentiert der Vorschlag der Regierung immerhin eine wesentliche Abschwächung; eine große Härte liegt aber doch darin, daß man die Warenhäuser allein schon deshalb besteuern will, weil sie die Last tragen können, nicht aber, weil man überzeugt ist, damit den Kleinbetrieben helfen zu können. Wenn alle großen Betriebe bis zur Grenze ihrer Leistungsfähigkeit belastet würden, dann würde sich überhaupt kein Kapital für Großunternehmungen mehr finden lassen und deutsches Geld würde massenhaft ins Ausland fließen, wo man dem Großhandel noch die Wichtigkeit und den Schutz zumißt, der ihm gebührt.

Wenn man aber immer sagen hört, daß die Warenhäuser mehr zu den Gemeindesteuern herangezogen werden müssen, so sollte man annehmen, daß sie besonderen Schutz von seiten der Behörden genießen und mehr Vorteile von der Stadtgemeinde haben als die Kleinbetriebe. In Wirklichkeit jedoch glauben die Behörden aller Ressorts berechtigt zu sein, der allgemeinen Stimmung durch Sonderbestimmungen und schwer durchzuführende Anordnungen gegen die Warenhäuser Ausdruck zu geben, soweit die Machtbefugnis der einzelnen Abteilung ihnen das gestattet. In Hamburg wurde einem Warenhaus die Gratisabgabe von Kaffee, Thee und Chokolade untersagt, in München wollte man kurz vor Weihnachten ein Warenhaus schließen, in Berlin verbot man den Kellerverkauf, die Schaufensterbeleuchtung &c. Die Kosten, die diese Fürsorge macht, werden doch wohl schon durch die bisher von den Warenhäusern gezahlten Steuersummen gedeckt.

Der erste Teil des Zweckes der Steuer, die Beschränkung der Branchen wird allerdings sicher erreicht, wenn man den vorerwähnten Vorschlag annehmen wollte.

Über die weiteren Folgen schreibt der Bund der Handel- und Gewerbetreibenden: „Ein anderer Teil des Zweckes der Umsatzsteuer wird und muß sein, die Großbazare zu zwingen, ihre sämtlichen Waren mit einem angemessenen Nutzen zu verkaufen, sodaß auch die Kleinhandeltreibenden mit ihnen zu konkurrieren im stande sind. —" Das ist eine ganz falsche Hoffnung, die man auf die Steuer setzt. In den Preisen werden die Detailgeschäfte, wenn sie nicht Einkaufsvereinigungen haben, nie konkurrieren können, denn der große Unterschied im Einkauf, der Kassa-Skonto, der schnelle Umsatz und der trotz aller Aufschläge billigere Preis wird stets für eine Überlegenheit der Großbetriebe sorgen. Die Steuer würde an der Kalkulation der Warenhäuser nichts ändern, sondern nur das Einkommen des Inhabers vermindern.

X.

Die Erdrosselungssteuer.

„Es wird auch Leute geben, die sich darüber Sorge machen, daß man mit einer Umsatzsteuer den Großbazaren zu Leibe gehen will.“ Ich glaube das auch, finde das sogar recht begreiflich, denn ich denke dabei nicht etwa an die wenigen Warenhausbesitzer, deren Zustimmung auch zu der geringsten Steuererhöhung wohl schwer zu haben wäre, sondern an alle von der Frage nicht direkt berührten Kreise, vor allem aber an die, denen die Prüfung der Vorschläge obliegt und die gewohnt sind, die Interessen beider Teile gegen einander abzuwägen. Vom rein juristischen Standpunkte aus wären ja alle Vorschläge unzulässig, die einen rein kaufmännischen Betrieb in seiner Ausdehnung oder Branchenanzahl beschränken würden, und daß die Branchensteuer das bezweckt, wird niemand bestreiten.

Die heutige Gewerbeordnung (§ 7) garantiert eben den Handeltreibenden die Gewerbefreiheit ebenso wie den industriellen Unternehmungen. Vielleicht läßt sich die Reichsvertretung zur Modifizierung dieser Bestimmung im Sinne der Antragsteller herbei, dann würde eine gewisse Einschränkung der Großbetriebe wenigstens in der Hand der Landesregierungen liegen. Zu einer Erdrosselungssteuer jedoch ist die Handhabe nicht so leicht zu beschaffen und die Regierungsvorlage beweist, daß man sich hierzu nie herbeilassen wird. Der oben besprochene Entwurf aber wäre nichts anderes als eine Erdrosselungssteuer, wenn er in der gewünschten Schärfe zur Ausführung käme.

Selbst wenn die Steuer so abgeändert würde, daß die Warenhäuser sie tragen können, so wäre das allein noch kein Grund zur Einführung.

Die Behauptung, daß die Großbetriebe einfach jede Belastung tragen können, wird von dem Bund der Handel- und Gewerbetreibenden durch Beweise erbracht, die man beinahe als Verherrlichung der Geschäftsorganisation der Großbetriebe auffassen könnte. Daß ein Großbazarbesitzer 40000 Mk. für eine Illumination ausgiebt, ist doch nur zu loben, er könnte das Geld ja auch für sich behalten. Daß die Bedingungen, die sich der Großbetrieb für Miete, Personal, Bedienung, Beleuchtung 2c. schafft, die denkbar vorteilhaftesten sind, sollte man ihm das zum Vorwurf machen? Der Ein- und Verkauf gegen Baar, der schnelle Umsatz der Waren, die Heranziehung von Fremdenpublikum, die schönen Räume, darin liegt ja gerade der Grund der Überlegenheit.

Im Ausland beginnt man schon die Leistungsfähigkeit deutscher Warenhäuser zu spüren, denn während sie einerseits das Publikum hindern, Waren vom Ausland zu kaufen, rücken sie schon selbst über die Grenzen und machen dem Ausland im direkten Detailverkauf Konkurrenz und zwar anscheinend mit großem Erfolg.

Das ist erst der Anfang der Entwickelung, wenn man aber die Warenhäuser im eignen Lande stört und an der Wurzel trifft, um den Wünschen einer Interessentengruppe nachzukommen, die zwar den Mittelstand zu schützen vorgiebt, in Wirklichkeit aber eigene Interessen verfolgt, dann werden sie auch nicht imstande sein, der heimischen Industrie im Ausland neue Absatzgebiete zu schaffen.

Eine wirkliche Besserung der Lage des Kleinhandels durch die Steuer wäre ein vollgültiges Äquivalent gegen die Vernichtung dieser Hoffnungen, aber die muß auf anderen Wegen erfolgen.

Die Warenhaus-Umsatzsteuer ist nicht für den Mittelstand, sondern für die Mittelmäßigkeit ein Schutz, und wenn man die letztere schützt, drückt man auch das darüber Hinausragende zur Mittelmäßigkeit herab, und davon haben wir doch wahrlich schon genug.

XI.

Die Großbazare und die Industrie.

Das Verhältnis der Großbazare zur Industrie wird in gleicher Weise wie der Detailverkauf der Warenhäuser mit Vorliebe von den Warenhausgegnern zu Anschuldigungen verschiedener Art benutzt, die dann an der Hand von Beispielen erwiesen werden, deren Richtigkeit man jedenfalls in jedem Falle prüfen müßte und die, selbst wenn sie völlig begründet wären, doch niemals Veranlassung zur Verurteilung des ganzen Systems geben dürften.

Ebenso falsch, wie die Anschauung, daß ein Warenhaus eine große Anzahl kleiner Betriebe „ersetzt", ist die Ansicht, daß, wenn ein neu entstandenes Warenhaus tausend mal so viel von einem Artikel gebraucht, als 1000 kleine Ladengeschäfte, deshalb diese überhaupt keinen Bedarf mehr haben. Für die Industrie liegt in der Zunahme der Großbetriebe entschieden ein großer Vorteil, denn abgesehen von dem sich rasch steigernden, durch vorteilhafte Angebote erzeugten Konsum, geben dieselben geschlossene Aufträge, welche die Fabrikanten in die Lage setzen, ihre Arbeiter gleichmäßig zu beschäftigen.

Nebenher aber geht das Geschäft mit den angeblich überhaupt nicht mehr kauffähigen kleineren Geschäften seinen ruhigen Gang, der im gegenwärtigen Moment sogar als sehr befriedigend bezeichnet werden kann, sodaß die deutsche Industrie heute ein Bild von so gesunder Entwicklung bietet, wie man es ihr für die Zukunft nur jederzeit wünschen kann.

Die Fabrikanten, die von ihren kleineren Kunden gezwungen werden, die Kundschaft der Warenhäuser aufzugeben, thun das sehr ungern. Sie werden im Lauf der Zeit sich darauf auch nicht mehr einlassen.

Die Ringbildung der Fabrikanten ist ein gutes Gegenstück zu den Einkaufsvereinigungen der Detaillisten, und wenn es auch jungen Etablissements das Aufkommen erschwert, so sichert es doch am besten den Unternehmern einen guten Nutzen. Freilich werden die Großbetriebe dadurch allmählich zur Selbstfabrikation mancher Artikel gedrängt, und werden dann mit Recht dieselbe staatliche Hilfe für ihre Fabrikbetriebe in Anspruch nehmen, wie die übrigen industriellen Unternehmungen. Ob den bestehenden Fabriken der ihnen dadurch entstehende Schaden durch die Kleinbetriebe ersetzt werden kann, ist zweifelhaft.

Was die stets wieder vorgebrachten Anschuldigungen gegen die Einkaufsgebräuche der Warenhäuser betrifft, so muß entschieden jeder Fall geprüft werden, bevor man entscheidet. Daß diese Geschäfte die Lieferanten konkurrieren lassen und das vorteilhafteste Gebot annehmen, ist selbstverständlich und jeder Geschäftsmann, der anders verfährt, versteht sein Geschäft nicht. Seine Macht nicht ausnutzen, heißt seine Kräfte nicht zu gebrauchen verstehen. Mit der viel erwähnten Preisdrückerei würden die Warenhäuser in der heutigen Lage der Industrie nicht weit kommen, da die Fabrikanten garnicht daran denken, sich die Preise vorschreiben zu lassen. Haben sie doch nicht gezögert, in fast allen Artikeln die Preise hinaufzusetzen, um ihrerseits wieder ihren Arbeitern die geforderten Lohnerhöhungen zahlen zu können. Wenn jedoch ein Fabrikant sich auf etwaige unreelle Versuche eines Waarenhauses hin dazu versteht, seine Ware mit Schaden oder ohne Nutzen abzugeben, so versteht er eben nicht zu rechnen, eine Kunst, die viele kleine Industrielle leider sehr wenig zu schätzen wissen.

Wenn Manipulationen, wie das zur Verfügung stellen beorderter Ware und nachheriges Abnehmen unter Preis, hier und da vorgekommen sein sollten, so wäre es besser, man machte bestimmte Fälle namhaft, anstatt einfach die Thatsache zu konstatieren. Dieser wenig schöne Gebrauch ist speziell bei den Besitzern kleiner Geschäfte sehr beliebt. Es geht mit diesem Beispiel ebenso wie mit der Ankündigung „Detailverkauf zu

Engrospreisen", die unzählige winzige Geschäfte ungehindert an ihre Fenster schreiben, während man sie bei dem Warenhaus als unlautern Wettbewerb verschreien würde.

Bei den bisherigen Verhandlungen in Vereinen und Ausschüssen über die Warenhäuser ist stets nur die anklagende Partei zum Wort gekommen. Wenn auch nicht gerade die Besitzer von Warenhäusern selbst, so sollte man wenigstens die Meinung der Fabrikanten, Grossisten und Geschäftsangestellten befragen, da die Interessen dieser Gruppen doch auch von Gewicht sind, wenn es sich um Belastung jener Betriebe handelt.

Die Fabrikanten und Grossisten fürchten durch Einführung der Steuer entweder die Kaufkraft der Bazare zurückgehen zu sehen oder in weniger günstigen als den heutigen Zeiten einen Teil der Lasten auf ihre eigenen Schultern übernehmen zu müssen.

Die gleichen Erwägungen werden auch die Angestellten der Großbetriebe veranlassen, die Stimmen gegen eine Besteuerung abzugeben. Bei dem allgemeinen Kesseltreiben gegen die Warenhäuser werden aber diese Stimmen wohl nicht viel Eindruck machen, da die Schädigung dieser Klassen weniger auffällig ist und mehr hinter den Kulissen vor sich geht.

XII.

Die Entlastung des Mittelstandes durch die Warenhaussteuer.

Die von dem Bund der Handel- und Gewerbetreibenden zum Schluß aufgestellten Zahlen, die eine Entlastung des Kleingewerbes durch Reduktion der Abgaben bezwecken, beziehen sich nur auf Berlin und haben für die Monarchie kein Interesse. Es wird berechnet, daß eine Person mit 2500 Mk. Einkommen 123 Mk. ersparen würde, hiervon sind 90 Mk. Minderausgaben für Gas, die durch Herabsetzung des Preises von seiten der Gasanstalt bewirkt werden sollten.

Für andere Städte käme das ja in Fortfall und es bleiben dann noch 33 Mk., eine Summe, die wahrscheinlich speziell für die kleinsten Betriebe auch noch viel zu hoch angenommen ist. Kann der Erlaß dieser Summe den kleinen Geschäften helfen, für die man gewissermaßen Almosen auf andrer Leute Kosten herausschlagen will, um der Verantwortung, ihnen selbst helfen zu müssen, zu entgehen?

Die großen Geschäfte zu stören, ohne den kleinen zu helfen, das wäre die Wirkung der Umsatzsteuer.

Ich möchte meine Vorschläge dahin zusammenfassen:

Hauptsatz: **Die Verbesserung der Lage des Kleingewerbes ist wichtiger als die Besteuerung der Warenhäuser.**

I. 1. Möglichst geringe steuerliche Belastung der Kleinbetriebe.

2. Gründung von Einkaufs-Vereinigungen.

3. Daran anschließend Vermittelung von Bankkredit, um, nach Prüfung des Einzelfalles strebsamen Kaufleuten Geld zu Vergrößerungen, Umbauten, Inventarbeschaffungen zur Verfügung zu stellen.

4. **Ausbau des Detailgeschäftes nach der Spezialseite.**
5. **Unterlassen unnützer Zeit und Geld kostender Agitationen gegen berechtigte Neuerscheinungen im Detailgeschäft.**
6. **Prüfung der Vorteile dieser Neuerungen und vorurteilslose Aufnahme des Guten, vor allem liebenswürdigere Behandlung des Publikums.**
7. **Zusammenschluß zum Zweck der Durchführung des Baarverkaufs.**
8. **Sanierung der Zustände im eigenen Lager durch Verhinderung übermäßigen Zuzugs unfähiger und unreeller Elemente.**

II. 1. **Besteuerung der Warenhäuser in der früher vorgeschlagenen Weise.**
2. **Strenge Durchführung der Bestimmungen über den unlauteren Wettbewerb, in aufgeklärter, unparteiischer Weise.**
3. **Ringbildung der Fabrikanten zur Festsetzung der Preise.**
4. **Unterlassung chikanöser Bestimmungen von seiten der Behörden, die nur geeignet sind, die Warenhäuser zum Widerstand resp. zur Vergrößerung der Betriebe zu reizen.**

Ich schließe meine Ausführungen mit der Bemerkung **Hubers:**

„Die Umgestaltung des Kleinhandels ist so im Fluß, daß jeder radikale staatliche Eingriff einen Schnitt ins lebendige Fleisch bedeutet".

Wenn die Entwickelung sich erst so weit beruhigt hat, daß man die Lage klar überschauen kann, dann erst ist es Sache des Staates, zu helfen, wenn seine Hilfe von Nutzen sein kann.

Druck von A. W. Hayn's Erben, Berlin und Potsdam

MIX
Papier | Fördert gute Waldnutzung
FSC® C083411

Kolibri 360 GmbH
Ferdinand-Jühlke-Straße 7
99095 Erfurt, Deutschland
produktsicherheit@kolibri360.de